인간은 **호르몬**의 노예인가?

SOMMES-NOUS DÈPENDANTS DE NOS HORMONES?

by Michel Hautecouverture

민음 바칼로레아 017

인간은
호르몬의 노예인가?

미셸 오트쿠베르튀르 ㅣ 박경한 감수 ㅣ 김성희 옮김

민음in

● 일러두기

1 본문 가장자리에 있는 사과 🍎 는 이 책을 통해 반드시 이해해야 하는
  핵심 개념을 표시한 것입니다.
2 본문 아래쪽의 주는 독자들이 본문 내용을 쉽게 이해할 수 있도록 한국어판에 특별히 붙인 것입니다.
3 인명 및 지명 표기는 한글 맞춤법 통일안 및 외래어 표기 규정을 따랐습니다.
4 본문에 사용한 부호 및 기호의 뜻은 다음과 같습니다.
   ― 전집, 단행본: 『 』
   ― 신문, 잡지: 〈 〉
   ― 개별 작품, 논문, 기사: 「 」

차례

1

우리 몸속 **호르몬 기계**는
어떻게 작동하는가?

"생각을 하는 것은 뇌가 아니라 뇌의 주인이다."

—Y. 라이보비츠[*]

인간은 호르몬의 노예인가?

얼굴, 키, 몸매를 비롯한 외모뿐만 아니라 성격, 버릇 등에서 서로 똑같은 사람은 하나도 없다. 이런 차이는 어디에서 비롯된 걸까? 선뜻 부모로부터 물려받은 염색체를 떠올릴지도 모르겠다. 물론 그것을 완전히 무시할 수는 없다. 그런데 염색체 구조가 같은 일란성 쌍둥이라도 똑같지 않은 것은 왜일까?

사람마다 서로 다르게 호르몬을 분비하고 있기 때문이다. 호르몬이란 '자극하다' 라는 의미를 가진 그리스 어 호르마오

• • • •

예샤야후 라이보비츠(Yeshayahou Leibovitz) 이스라엘의 철학자이며 '지혜로운 학자' 를 뜻하는 랍비로 존경받고 있다.

(hormao)에서 온 말로, 정신과 신체의 균형을 유지하기 위해 신체의 구석구석에 정보를 전달하고 자극하는 화학 물질이다. 호르몬은 인간의 생로병사에 관여할 뿐만 아니라, 외모와 성격은 물론 창조력이나 기억력과 같은 정신적인 능력에까지 영향을 끼친다.

그렇다면 인간은 호르몬에 완전히 지배되고 있다고 말할 수 있을까? 인간은 호르몬의 노예일까? 이 질문에 제대로 답하기 위해서는 우선 우리가 무엇에 대해 이야기하고 있는지부터 알아야 한다.

더운 여름날 체온이 올라가면 우리 몸은 땀을 흘려 열을 발산함으로써 일정한 체온을 유지한다. 또한 격렬한 운동을 했을 경우에는 심장 박동과 호흡이 빨라지다가 일정한 시간이 지나면 정상적인 상태로 되돌아온다. 그리고 두통이 생기면 그것을 해소하여 다시 안정적인 상태를 회복한다. 이렇게 외부 환경이 달라져도 우리의 몸이 항상 같은 상태를 유지할 수 있는 것은 호르몬 덕분이다. 호르몬은 우리 몸의 각 기관이 서로 조화를 이루고 생명 활동이 원활하게 이루어질 수 있도록 몸 안의 상태를 일정하게 유지해 준다. 만일 호르몬이 없다면 인간은 최소한의 생명을 유지하는 것조차 어려울지도 모른다. 그런 의미에서 인간은 '호르몬 기계'라고 할 수 있다.

그러면 호르몬 기계란 정확하게 무엇이고, 어떤 부품과 어떤 장치로 돌아가고 있는지 살펴보도록 하자.

호르몬은 어디서 어떻게 만들어지는가?

호르몬 기계를 작동시키는 곳은 내분비 기관이다. 호르몬은 인체의 중요한 시스템 중 하나인 내분비 기관의 부품이라 할 수 있다. 그러면 호르몬의 작용을 지휘하는 내분비 기관이란 것은 무엇일까?

내분비 기관은 갖가지 단백질을 만들어 내는 간처럼 뭔가를 직접적으로 생산하는 데 그치지 않는다. 내분비 기관은 기본적으로 여러 가지 세포 활동을 조절하는 데 꼭 필요한 물질을 운반해 주는 전달 시스템으로서 기능을 한다. 그래서 내분비계는 또 다른 전달 시스템인 신경계와 밀접한 관계를 맺고 있다.

이런 내분비계는 아메바와 같은 단세포 생물에서는 찾아볼 수 없으며, 인간을 포함한 모든 포유류와 식물과 같은 다세포 생물에 존재한다. 생명체들이 살아가는 데 필수적인 작용인 신진 대사[●]를 조절하는 것이 내분비계의 주된 역할이다. 다시 말해, 인슐린 등의 물질을 통해 우리 몸에서 에너지를 사용하는 것을 관리하거나, 칼슘이나 인처럼 몸의 골격을 이루고 있는 성분을 관리하는 일이 바로 내분비계의 기능이다. 이 밖에도 내분비계는 여러 가지 성 호르몬을 통해 우리의 생식 기능을 조절하거나 갑상선 호르몬을 이용해 모든 세포들이 정상적인 리듬으로 돌아가게 만든다.

분자 생물학˚에서 사용하는 용어로 표현하면 호르몬은 고분자˚에 해당하는데, 언어로 치자면 '단어'에 비유할 수 있다. 단어와 마찬가지로 호르몬도 메시지를 전달하는 역할을 하기 때문이다. 호르몬은 메시지가 만들어진 장소에서부터 그 메시지를 받도록 예정되어 있는 세포, 즉 표적 세포까지 혈액을 타

● ● ●

신진 대사 생물은 생명을 유지하기 위해 외부로부터 물질을 섭취하여 체내에 필요한 물질로 바꾸는 한편, 그때 생긴 노폐물은 체외로 배출한다. 신진 대사란 이과정에서 일어나는 물리·화학적이고도 생물학적인 변화를 일컫는다. 물질 대사라고도 한다.

분자 생물학 생물체를 구성하고 있는 고분자 화합물, 그 중에서도 특히 핵산과 단백질의 구조를 밝히고 그 분자 구조의 특성을 바탕으로 눈에 보이는 생명 현상을 설명하려는 생물학의 한 분과이다. 분자 생물학은 1953년 제임스 왓슨과 프랜시스 크릭이 DNA의 이중 나선 구조를 발견함으로써 탄생했다고 볼 수 있으며, 이후 생화학과 유전학의 영역을 포섭하며 급격하게 성장해 왔다. 현대 생물학은 기본적으로 분자 생물학을 배경으로 하고 있다.

고분자 수십, 수백 개의 분자가 결합해서 만들어진 분자량이 아주 큰 분자로, 거대 분자라고도 한다.

호르몬은 메시지가 만들어진 곳에서부터 메시지를 받기로 되어 있는 표적 세포까지 메시지를 정확하게 전달하는 역할을 한다.

고 가서 메시지를 수송한다. 이것은 수령 사인을 받고 전해 주는 등기 우편을 배달하는 것과도 같다.(여기서 수령 사인은 피드백에 해당되는데, 이 책의 33~36쪽에서 자세히 다루고 있다.) 그렇게 전달된 메시지는 해당 세포에 명령을 해서, 인체의 조직이나 기능에 필요한 여러 가지 단백질(호르몬도 포함됨)을 만들도록 한다.

그럼 이러한 호르몬은 과연 어디에서, 그리고 어떻게 만들어지는지 알아보자.

일반적으로 호르몬은 특수한 세포에 의해서 만들어진다. 이세포들은 대부분 선(腺)이라는 분비 기관에 모여 있는데, 해부학적으로는 독립되어 있다. 대표적인 호르몬 분비 기관으로는, 대뇌 아래쪽에 위치한 뇌하수체, 목 앞쪽에 있는 갑상선, 갑상선 주위에 위치해 있는 네 개의 부갑상선, 신장 위에 붙어 있다고 해서 이름이 붙은 두 개의 부신, 생식선(난소 또는 정소) 등이 있다. 이러한 기관들은 인체 내부에서만 분비 작용이 이루어지기 때문에 내분비선이라고도 한다.

호르몬이 만들어지는 장소는 그 밖에도 많다. 특히 내분비 기능과 외분비 기능이 섞여 있는 기관도 있는데, 이자*가 바로 그러한 경우이다. 이자의 내분비선은 랑게르한스 섬*이라고 불리는 작은 세포군으로 이루어져 있으며, 우리 몸의 에너지

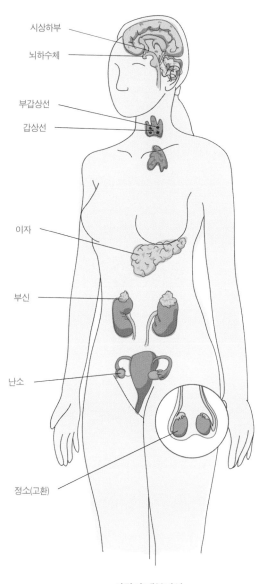

시상하부

뇌하수체

부갑상선

갑상선

이자

부신

난소

정소(고환)

사람의 내분비선

신진 대사를 조절하는 두 가지 호르몬인 **인슐린**과 **글루카곤**을 만들어 낸다. 그리고 이자의 외분비 조직은 소화에 도움이 되는 효소를 분비한다. *

호르몬을 만드는 특수한 세포군은 내분비선 외의 다양한 인체 기관에서도 볼 수 있다. 예를 들어, 간에서는 성장을 유도하는 메시지를 세포에 전달하는 호르몬인 소마토메딘이 생산된다. 이 소마토메딘은 뇌하수체에서 생성되는 성장 호르몬의 조종에 따라 만들어진다. 이처럼 호르몬이 메시지를 수송하는 중에 일종의 '중계 호르몬'이 만들어질 수도 있으며, 단백질이 그 역할을 하고 있다. 한편, 신장은 인체에 산소가 결핍되었을 때 적혈구 생성을 자극하는 기능을 가진 그 유명한 호르몬, **에리스로포이에틴***을 분비한다.

소화관을 따라 분포되어 있는 또 다른 세포군에서는 **위장관 호르몬**이 생산된다. 이 호르몬은 넓은 의미에서 음식물 흡수와

● ● ●

이자 위의 뒤쪽에 있는 길이 약 15센티미터의 가늘고 긴 장기로서, 췌장이라고도 한다.

랑게르한스 섬 독일의 병리학자 랑게르한스(Langerhans)가 발견했고, 섬 모양으로 흩어져 있다고 해서 그렇게 부른다.

이자액 소화액 중 가장 중요한 것으로 탄수화물, 지방, 단백질을 분해하는 효소를 함유하고 있다.

관계가 있는 모든 정보를 뇌에 있는 조절 중추인 시상하부에 알리는 역할을 한다. 이 세포군의 세포 전체를 합치면 인체의 다른 어떤 내분비선보다도 더 큰 기관이 만들어질 수 있다.

우리 몸에서 에너지 저장을 조절하는 내분비 조직은 앞에서 말한 이자의 내분비 조직과 위장관 호르몬 분비 세포군을 비롯해서 몸 전체에 폭넓게 분포되어 있다. 특히 여기서는 복합 세포인 지방 세포를 주목할 필요가 있다.

인체의 지방 덩어리, 다시 말해 지방 조직을 이루는 기본 블록이라고 할 수 있는 지방 세포는 사용 가능한 에너지를 트리글리세리드°의 형태로 저장한다. 하지만 지방 세포는 이러한 기능 외에 호르몬으로서의 역할도 한다. 지방 세포에서 만들어지고 분비되는 호르몬이 바로 렙틴°이다. 렙틴은 인체의 에너

● ● ●

에리스로포이에틴(EPO, erythropoietin) 신장에 이상이 생기면 합성이 중단돼 빈혈을 일으키기 때문에 빈혈 치료제로 널리 활용되고 있다. EPO 1그램 가격이 67만 달러로 고가인데다가 최근에는 에이즈 및 암 치료 보조제로도 사용되는 등 활용 분야가 넓어지고 있어 산업적 가치가 높은 것으로 평가받고 있다.

트리글리세리드 한 개의 글리세롤에 세 개의 지방산이 결합되어 있는 형태로 중성 지방이라고 한다.

렙틴 지방 세포에서 주로 만들어지는 호르몬이어서 혈중 렙틴 농도는 지방 세포의 수에 비례한다. 하지만 비만의 경우 오히려 렙틴의 작용이 저하되어 포만감 신호 체계가 고장 나기 쉬운 까닭에 효과를 기대하기가 어렵다.

지 저장 상태를 중추 신경계에 알리며, 보고를 받은 중추 신경계는 다시 렙틴에 메시지를 보내서 그 양을 조절한다. 즉 렙틴은 식욕을 억제하고 체중을 조절하는 역할을 맡고 있다.

또한 렙틴은 부신에서 분비되어 활동하지 않고 있는 호르몬을 붙잡아서 활성 호르몬으로 바꾸는 역할도 한다. 여기서 호르몬을 활성화한다는 것은 그 구조를 바꾼다는 것을 뜻한다. 폐경 이후의 여성에게 특히 중요한 에스트로겐도 이런 방식으로 활성화되는 호르몬이다.

그런데 비만 여성의 경우 지방 세포가 많은 만큼 렙틴도 많이 만들어진다. 이에 따라 에스트로겐 수치가 정상적인 비율보다 높아져서, 에스트로겐의 긍정적인 효과(뼈 조직을 보호함)가 부정적인 효과(자궁암과 유방암이 발생할 위험이 커짐)에 의해 상쇄되는 상황이 발생할 수 있다.

호르몬에는 어떤 것이 있는가?

앞에서 살펴본 것처럼 호르몬이 만들어지는 장소는 많을 뿐만 아니라 그 성질도 다양하다. 현재까지 인체 호르몬은 100가지 이상이 알려져 있으며, 해마다 새로운 목록이 추가되고 있다. 하지만 호르몬은 그 수가 아무리 많다고 하더라도 크게 세 개의 그룹으로 나뉜다. 호르몬의 속성, 즉 호르몬이 전달하는 메시지의 성질을 결정짓는 화학적 구조에 따라 단백질계 호르몬과 스테로이드계 호르몬, 아민계 호르몬으로 분류된다.

단백질계 호르몬

호르몬 중에서 단백질계 호르몬의 수가 가장 많다. 시상하부와 뇌하수체에서 만들어지는 호르몬과 주요한 신진 대사를 조절하는 호르몬이 여기에 속한다.(시상하부와 관련된 내용은 28~32쪽에서 자세히 다루고 있다.)

    — 이자에서 만들어지는 인슐린과 글루카곤. 인슐린은 혈당량*을 감소시키고 글루카곤은 혈당량을 증가시킴으로써 에너지 신진 대사를 조절한다.

    — 부갑상선 호르몬인 파라토르몬과 갑상선 호르몬인 칼시

● ● ●

혈당량 혈액 중에 들어 있는 포도당의 양을 말한다. 정상적인 사람의 혈당량은 약 0.1퍼센트로 100밀리리터의 혈액 속에 포도당이 약 100밀리그램 들어 있다.

토닌은 혈액 내의 칼슘과 인의 신진 대사를 조절한다. 이때 비타민 D와 함께 협력해서 기능하는데, 비타민 D는 비타민이라고 불리긴 하지만 사실 스테로이드계 호르몬의 일종이다.

— 뇌하수체에서 나오는 성장 호르몬과 간에서 만들어지는 소마토메딘은 몸의 성장을 촉진한다.

— 엔테로글루카곤,* 가스트린,* 세크레틴* 등과 같은 위장관 호르몬. 소장이 시작되는 부분과 위장에서 만들어지며, 넓은 의미에서 영양 흡수를 조절한다.

단백질계 호르몬들은 일반적인 단백질 합성 과정에 따라 내분비 세포 내부에서 생성된다. 그 과정에서 처음 합성되는 산물인 **프로호르몬**은 호르몬 전구체(前驅體)로서 알갱이 형태로 세포 안에 저장된다. 이 프로호르몬이 활성 호르몬이 되면서 세포에서 **빠져나오게** 되는데, 이때 활성 호르몬은 친수성을 지

● ● ●

엔테로글루카곤 장의 상피 세포 성장과 재생에 중요한 역할을 하며, 음식 섭취 후에 혈중 엔테로글루카곤이 증가된다.
가스트린 위의 점막에서 생성되며 위액 분비를 촉진시킨다.
세크레틴 십이지장에서 분비되며 혈액을 타고 이자에 운반되면 이자액의 분비를 촉진함으로써 소화 기능을 조절한다.

니고 있어서 혈액을 타고 자유롭게 돌아다닌다. 그러다가 표적 세포에 메시지를 일단 전달하고 나면 곧 파기된다. 작은 호르몬들은 몇 분 만에 파기되고 큰 호르몬들은 30분 정도까지 머무를 수 있다.

스테로이드계 호르몬

스테로이드계 호르몬은 사람들이 일단 무서워하는 콜레스테롤이라는 분자로부터 만들어진다. 각각 세포의 내부에서 일어나는 연쇄 화학 반응에 따라 콜레스테롤에서 시작하여 마지막에 호르몬에 이르게 되는 것이다. 스테로이드계 호르몬은 대부분 부신 피질에서 생성된다. 부신 피질은 부신 주위를 둘러싼 조직을 말하며, 바깥쪽에서부터 안쪽까지 세 개의 층으로 구분할 수 있다.

— 가장 바깥쪽에 있으며, 과립 모양으로 이루어져 있어 '사구대(絲球帶)'라고 불리는 층에서는 수분과 무기 염류의 대사를 조절하는 **무기질 코르티코이드 호르몬**이 만들어진다. 대표적인 것으로 알도스테론이 있다.

— 중간에 있으며, 다발 모양으로 이루어져 있어 '속상대(束

狀帶)'라고 불리는 층에서는 당질 코르티코이드 호르몬이 만들어진다. 대표적인 것으로 **코르티솔**이 있다. 인체가 어떤 공격 상황에 처했을 때 인체의 기능이 거기에 적응할 수 있도록 도와준다.

　—맨 안쪽에 있으며, 그물 모양으로 이루어져 있어 '망상대(網狀帶)'라고 불리는 층에서는 남성 호르몬의 전구체인 **안드로겐 호르몬**이 만들어진다. 얼마 전, 젊음의 활력을 유지해 주는 슈퍼 호르몬으로 화제를 모은 디하이드로에피안드로스테론(DHEA)이 바로 여기에 속한다.(DHEA는 47쪽에서 자세히 다루고 있다.)

스테로이드계 호르몬의 또 다른 계열로는 **성 호르몬**이 있다. 난소에서 만들어지는 에스트로겐과 프로게스테론, 정소에서 대부분 만들어지는 테스토스테론이 여기에 해당된다. 한편, 스테로이드계 호르몬은 지용성으로 물을 싫어하기 때문에 간에서 만들어지는 운반 단백질을 타고 혈액을 돌아다닌다.

아민계 호르몬
아민계 호르몬은 **아미노산**˚의 변형을 통해 만들어진다. 단백

물을 싫어하는 스테로이드계 호르몬과 갑상선 호르몬은
운반 단백질을 타고 표적 세포로 이동한다.

질계 호르몬이 200개 이상의 아미노산으로 이루어져 있는 반면, 아민계 호르몬은 단 한 개의 아미노산이 변화한 것이다.

대표적인 아민계 호르몬으로는 아드레날린과 노르아드레날린이 있다. **카테콜아민**이라는 용어로 다시 묶을 수 있는 이 호르몬들은 부신 수질(부신 중심부)에서 만들어지며, 인체가 위험에 처했을 때 즉각적인 방어 상태에 들어가도록 하는 기능을 지니고 있다.

티록신과 트리요오드티로닌도 아민계 호르몬에 속한다. 이 두 가지 갑상선 호르몬은 티로신˚이라고 불리는 특수한 아미노산으로부터 만들어진다. 티록신은 발열 반응을 하여 체온을 유지하고 체내 신진 대사를 촉진하며, 트리요오드티로닌은 기초 대사와 성장을 조절하는 데 관여한다.

그런데 여기서 우리는 호르몬 생성 과정에서 언제나 활성 호르몬이 곧바로 만들어지는 것이 아니라 '전구 호르몬' 형태로 만들어질 수도 있음을 알 수 있다. 활성 호르몬에 해당되는

● ● ●

아미노산 살아 있는 물질 대부분을 이루고 있는 단백질이라는 고분자의 기본 블록.
티로신 단백질의 가수 분해(물 분자가 작용하여 일어나는 분해 반응)에 의해 생기는 아미노산.

트리요오드티로닌은 갑상선에서 아주 적은 양이 만들어지는데, 간이나 세포(근육 세포 따위)에 작용할 때는 티록신이 변형되어 만들어지기도 한다. 말하자면 티록신이 트리요오드티로닌의 전구 호르몬이 될 때도 있다는 것이다. 갑상선 호르몬도 스테로이드계 호르몬과 마찬가지로 물을 싫어하며 운반 단백질을 탄 채로 혈액 속을 돌아다닌다.

이상으로 호르몬의 종류를 그룹 별로 살펴보았다. 이제 호르몬이 어떻게 메시지를 전달하는가를 알아보자.

호르몬은 어떻게 메시지를 전달하는가?

호르몬이 메시지를 전달하는 최종 목적지가 되는 표적 세포는 하나 이상의 특수한 분자, 즉 **수용체**라고 불리는 단백질을 가지고 있다. 표적 세포가 자신에게 전달될 메시지를 가지고 있는 호르몬을 알아볼 수 있는 것은 바로 이 수용체 덕분이다.

이는 마치 열쇠가 열쇠 구멍에 들어가 자물쇠가 열리는 이치와 비슷하다. 서로에게 딱 들어맞게끔 만들어진 삼차원적인 공간 구조가 호르몬과 수용체 사이의 결합을 가능하게 해 주는 것이다. 호르몬으로 인해 발생하는 생물학적인 효과는 그러한 상호 작용에서부터 시작된다.

하나의 표적 세포는 서로 다른 호르몬에 대응되는 여러 개의 수용체를 가질 수 있다. 예를 들어 어떤 표적 세포에는 인슐린과 글루카곤에 대한 수용체가 있다. 그런데 이 두 호르몬은 합성과 분해라는 정반대의 생물학적인 기능을 하면서 함께 작용한다. 말하자면, 인슐린은 혈액의 포도당을 세포 내에 당원으로 저장하는 동화 작용을 함으로써 혈당을 떨어뜨리고, 글루카곤은 세포 내에 저장되어 있던 당원을 포도당으로 분해하는 이화 작용을 한 후 혈액으로 방출함으로써 혈당을 올린다.

그리고 표적 세포는 한 호르몬에 대해서 서로 다른 수용체를 가질 수 있다. 아드레날린의 표적 세포는 네 가지 종류의 수용체를 가지고 있다. 각각 '알파1', '알파2', '베타1', '베타2'라고 불리는 이 수용체들은 기관지를 확장하거나 혈관을 수축함으로써 서로 다른 생물학적 효과를 담당하고 있다.

단백질계 호르몬과 카테콜아민*과 같은 친수성 호르몬의 수용체는 표적 세포의 세포막 표면에 있다. 호르몬과 수용체가 결합함으로써 첫 번째 메시지가 전달되면 곧 이어 나오는 두 번째 메시지가 세포 내부로 보낸다. 그런 다음 세포 내부에서 일어나는 다단계적인 사건들은 메시지를 받은 핵의 반응으로 마무리지어진다.

한편, 물을 싫어하는 비친수성 호르몬의 수용체는 세포 내부에 위치해 있다. 이때 호르몬은 세포막*을 지나 세포질에 있는 자신의 수용체와 결합한다. 그러면 호르몬-수용체 복합체가 세포핵까지 이동해서 호르몬에 관련된 생물학적 반응이 일어난다.

내분비계는 우리 몸의 다른 시스템과 어떻게 연관되어 있는가?

우리 몸의 기능이 제대로 돌아가는 데 내분비계가 아무리 중요한 역할을 한다 하더라도, 호르몬만으로 우리 몸이 움직이고 있다고 생각할 사람은 없을 것이다. 심장혈관계, 소화계, 비뇨기계 등 인체의 다른 주요 시스템들 역시 제 역할에 충실해

● ● ●

카테콜아민 중추 신경계에서 자연스럽게 생성되고 교감 신경계의 흥분으로 방출되는 물질이다. 대뇌 피질에서 카테콜아민이 불균형적일 때 주의력 결핍 과다 활동 장애(ADHD, Attention Deficit Hyperactivity Disorder)라는 질환이 일어나는 것으로 보고 있다.

세포막 세포막은 지질과 단백질로 대부분 구성되어 있어 비친수성(지용성) 호르몬이 쉽게 표적 세포의 내부에 도달하게 해 준다.

야만 정상적으로 몸이 돌아갈 수 있다.

각 시스템은 항상 다른 시스템들과 함께 작용하며 변화한다. 말하자면 모든 시스템은 끊임없는 상호 작용 속에서 활동하고 있는 것이다. 내분비계도 혼자 작용하는 것이 아니라 다른 시스템들과 함께 일을 한다. 앞에서도 얘기했듯이, 내분비계는 특히 전달 및 조절 시스템에 속하는 신경계와 긴밀한 협력 관계에 있다. 다음 두 가지 예를 살펴보면 그 사실을 충분히 이해할 수 있을 것이다.

시상하부

앞에서 단백질계 호르몬을 얘기할 때 시상하부에서 만들어지는 호르몬이 있다는 것을 잠깐 말했다. 이제 시상하부 호르몬의 주된 역할에 대해 좀 더 자세히 알아보자.

시상하부는 의지와 상관없이 돌아가는 신경계의 모든 과정을 조절하는 시스템의 중추라고 할 수 있다. 그래서 시상하부를 소위 '식물성' 신경계라고 말하기도 한다. 포유류의 경우 발생 과정 초기부터 나타나는 시상하부는, 감정과 감각은 물론이고 생명을 유지하는 데 꼭 필요한 모든 행동에 관여하고 있다. 그런 이유로 시상하부를 인간 본능의 중심이라고 하거나

'자율 신경계의 중추'라고 부르기도 한다. 시상하부는 또 대부분의 내분비 과정에서도 중추적인 역할을 하고 있다.

시상하부가 어떻게 내분비 과정에서 중추적인 역할을 하고 있는지 알기 위해서는 먼저 시상하부의 구조를 들여다볼 필요가 있다. 시상하부는 중심부와 두 개의 측면부로 구성되어 있다. 이들은 모두 '신경핵'이라고 불리는 조직으로 이루어져 있는데, 이 신경핵은 '시상하부 뉴런'이라고 불리는 신경 세포들이 뚜렷이 집단을 이루어 모여 있는 것이다.

일반적으로 뉴런은 핵과 세포질로 된 신경 세포체와 신경 세포체에서 나온 많은 신경 돌기들로 이루어져 있다. 신경 돌기에는 세포체로부터 나뭇가지 모양으로 뻗어 나와 자극을 받아들이는 여러 개의 수상 돌기와 다른 뉴런으로 흥분을 전달하는 하나의 축색 돌기(때로는 아주 긴)가 있다. 그리고 두 뉴런 사이는 시냅스라고 하는 부위로 연결되어 있다.

시상하부의 뉴런들은 대부분 대뇌변연계°로부터 나온 축색 돌기와 연결되어 있다. 그래서 시냅스에 신경 충동을 전달할

● ● ●

대뇌변연계 대뇌 반구의 안쪽과 밑면에 해당하는 부위로서 일반적으로 감정과 감정적인 행동의 조절에 관계한다.

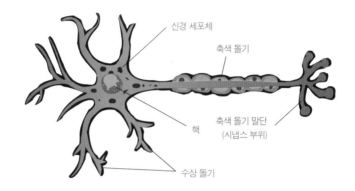

신경 세포체

축색 돌기

핵

축색 돌기 말단
(시냅스 부위)

수상 돌기

뉴런의 구조

뿐만 아니라 다른 곳에 가서 호르몬 역할을 하는 신경 전달 물질*을 받아들인다.(앞에서 지방 세포를 설명할 때, 세포가 복합적인 기능을 할 수 있다는 것을 보았다.)

이제 호르몬과 관련된 내용으로 들어가 보자. 시상하부 뉴런은 **호르몬 방출 인자**(RF, releasing factor)라고 불리는 작은 단백질 분자인 펩티드를 만들어 낸다. 신경핵에서 만들어지는 호

● ● ● ●

신경 전달 물질 뇌를 비롯하여 체내의 신경 세포에서 나와서 근처의 신경 세포에 정보를 전달하는 화학 물질을 말한다.

르몬 방출 인자는 여러 종류가 있으며, 모두 축색 돌기를 따라 뇌하수체 모세혈관까지 이동한다.

곧 호르몬 방출 인자는 혈관을 따라 뇌하수체 앞부분, 즉 뇌하수체 전엽에 있는 세포들에 이르게 된다. 각각의 호르몬 방출 인자는 뇌하수체 전엽의 특정 세포군에만 관계되어 있다. 호르몬 방출 인자가 특정 세포군과 접촉하면 해당 호르몬의 생산이 시작된다.(소마토메딘에 대해 이야기할 때 보았던 것처럼 '다단계 반응'이 일어난다.)

예를 들어, 부신 피질 자극 호르몬 방출 인자(CRF)는 부신에서 코르티솔을 생산하도록 자극하는 부신 피질 자극 호르몬(ACTH)이 만들어지도록 시동을 건다. 또 갑상선 자극 호르몬 방출 인자(TRF)는 갑상선에서 갑상선 호르몬을 생산하도록 자극하는 갑상선 자극 호르몬(TSH)이 만들어지도록 한다.

또 시상하부 뉴런은 체내 수분 조절에 중요한 **항이뇨 호르몬**[*]과, 자궁 수축 및 유선(젖샘) 발달에 관여하는 **옥시토신**을 만들어서 분비한다. 이 두 호르몬은 시상하부 뉴런에서부터 뉴런을 따라 뇌하수체 뒷부분, 즉 뇌하수체 후엽까지 이동한다. 이때 뇌하수체 후엽은 시상하부에 대한 일종의 저장고 역할을 한다.

산재해 있는 내분비계

신경계와 내분비계가 얽혀 있음을 보여 주는 두 번째 예는 내분비계가 인체 여기저기에 흩어져 있다는 것이다. 하지만 이런 내분비 세포들은 그 발생학적 기원에서는 동일하다. 즉 모두 신경 외배엽(발생 초기 세포층의 하나)으로부터 만들어진다.

예컨대 아드레날린을 분비하는 부신 수질 세포, 뇌하수체 전엽에 위치해 있으면서 부신 피질 자극 호르몬을 분비하는 세포, 칼시토닌을 만들어내는 갑상선 C세포 등이 여기에 해당한다. 그리고 자율 신경계와 랑게르한스 섬에 위치한 내분비 세포, 소화관의 내분비 세포도 신경 외배엽을 그 발생 기원으로 한다.

● ● ●

항이뇨 호르몬(ADH, vasopressin) 신장의 네프론은 항이뇨 호르몬의 조절 작용을 받아 혈액으로부터 여과된 물을 재흡수함으로써 체액의 용질 농도를 일정하게 유지한다. 체액의 용질 농도가 정상보다 올라가면 뇌하수체 후엽에서 항이뇨 호르몬의 분비량을 증가시키며, 항이뇨 호르몬은 네프론에 신호를 보내 여과액으로부터 더 많은 물을 다시 흡수하도록 한다. 반대로, 체액의 농도가 정상보다 낮을 때, 즉 너무 많은 양의 물을 마실 경우에는 혈중 항이뇨 호르몬의 농도가 낮아져 네프론은 물을 덜 흡수하게 된다.

호르몬의 양은 어떻게 조절되는가?

호르몬 기계의 작동 원리를 살펴보는 마지막 단계로, 내분비계가 어떤 방식으로 호르몬의 생산과 억제를 조절하는지 알아볼 것이다. 특히 피드백 작용이라고 불리는 것이 무엇인지 간단히 알아보자.

여기서는 **역조절**이라는 개념이 중요하다. 역조절이란 두 호르몬이 있을 때 서로 상대 호르몬의 작용에 따라 자신의 분비상의 특징을 바꾸는 것을 말한다. 그런 역조절에는 여러 가지 방식이 있다.

첫 번째 방식은, 어떤 호르몬의 비율이 낮아짐에 따라 다른 호르몬의 비율이 상대적으로 올라가고, 그로 인해 다시 처음 호르몬의 비율이 올라가는 경우이다. 이를 가리켜 **음성 피드백** 작용이라고 부른다. 세 가지 예를 통해 살펴보자.

우선, 갑상선이 병에 걸려 호르몬을 더 이상 충분히 만들어 내지 못할 경우, 음성 피드백 작용에 의해 뇌하수체 호르몬 중 갑상선 자극 호르몬이 증가한다. 다시 말해 혈액 중에 갑상선 자극 호르몬의 비율이 증가했다면, 이는 갑상선의 기능이 떨어졌다는 신호임을 알 수 있다.

음성 피드백 작용의 두 번째 예는, 뇌하수체 호르몬 중 난포 자극 호르몬(FSH)의 양을 통해 무월경의 원인을 설명할 수가 있다. 실제로, 난소에서 생산되는 에스트라디올*의 비율이 낮으면 난포 자극 호르몬의 비율은 높게 나타나며, 이는 폐경의 일반적인 현상이다.

세 번째 예는, 인체가 외부로부터 스트레스를 받았을 때 볼 수 있다. 어떤 종류이건 간에 스트레스는 시상하부의 부신 피질 자극 호르몬 방출 인자의 분비를 촉진시킨다. 이에 따라 부신 피질 자극 호르몬이 증가되면서 부신에서 만들어지는 코르티솔도 증가하게 됨으로써 인체의 기능이 스트레스 상황에 대응하여 돌아가게 된다.

이때 코르티솔의 증가는 역으로 부신 피질 자극 호르몬 방

● ● ● ●

음성 피드백 이해를 돕기 위해 좀 더 도식적으로 설명해 보겠다. A, B, C, D가 다단계 반응 선상에 놓인 호르몬이라고 할 때, A가 많아지게 되면 그 결과 A에서부터 만들어지는 B, C, D 역시 함께 많아지게 된다. 그런데 많아진 D는 A에게 저해 물질로 작용해서 A의 양이 줄어든다. 그렇게 해서 다시 B, C도 차례로 줄고 결국 D의 양도 줄어들게 된다. 그러면 다시 A의 양이 많아지면서 그러한 순환이 반복된다. 요컨대 음성 피드백은 쉽게 말해 결과에 의해 원인이 억제되는 것이라고 할 수 있다.

에스트라디올 척추 동물의 암컷의 난소에서 분비되는 스테로이드계 호르몬으로서 여포 호르몬(발정 호르몬)의 하나이다. 암컷의 생식기를 발달시켜 2차, 3차 성징이 나타나도록 한다.

출 인자의 분비를 감소시키며, 따라서 부신 피질 자극 호르몬의 분비와 코르티솔 자체의 분비도 감소한다.

양성 피드백 현상은 드물게 나타나는 대신 훨씬 더 흥미롭다. 양성 피드백의 경우, X라는 호르몬 분비의 증가는 Y라는 호르몬의 증가를 가져오지만, 대신 이때 Y 호르몬이 일으키는 새로운 작용에 의해 X 호르몬의 생산이 감소되지는 않는다.

양성 피드백은 월경 주기 전반부 때 난소에서 에스트라디올이 분비될 때 볼 수 있다. 에스트라디올의 양이 많아지면 뇌하수체에 의한 황체 형성 호르몬(LH) 분비가 절정에 이르게 되는 것이 그것이다. 그렇게 해서 배란이 이루어진다. 이때 에스트라디올은 계속해서 만들어지며, 월경 주기의 후반부의 특징인 프로게스테론도 같이 만들어진다.

표적 세포는 특수한 호르몬 명령과는 독립적으로 기능하는 자동 조절 메커니즘을 자체적으로 가지고 있어서, 부분적인 자동 조절이 가능하다. 예를 들어, 갑상선 호르몬을 만드는 세포의 경우, 혈액 순환 중에 접촉하게 되는 요오드의 양을 통해 자신의 호르몬 생산을 조절한다.

그리고 내분비계 전체는 인간의 생활 리듬과 조화를 이루는 하나의 일정한 분비 리듬을 따르고 있다. 그러한 이유에서 부신 피질 자극 호르몬 방출 인자의 분비와 그에 따른 부신 피질

자극 호르몬의 분비, 그리고 끝으로 코르티솔의 분비에 적용되
는 24시간 리듬은 각성–수면 교대 패턴이나 시차(5시간 이상)
등에 따라 함께 달라진다.

2

호르몬 기계가 **고장** 나면

고칠 수 있을까?

인간은 호르몬의 지배만을 받을까?

지금까지 호르몬이 무엇인지 대강 훑어보았다. '인간은 호르몬의 노예인가?' 라는 맨 앞에서 던진 질문에 어느 정도 답을 한 셈이다. 내분비계의 기능을 알게 된 이상, 우리가 호르몬의 작용에 지배를 받지 않는다고 생각하기는 어려울 테니 말이다.

하지만 그렇다고 해서 인간이 호르몬에 완전히 종속되어 있다고 말할 수는 없다. 지배 관계라는 것도 언제나 한결 같지 않기 때문이다.

인간과 호르몬은 지배 관계라기보다는 연합 관계라고 보는 것이 더욱 적절하다. 호르몬 결핍과 관련된 몇 가지 예를 들어 보면 금세 이해할 수 있을 것이다.

호르몬 기계가 고장 나면 어떻게 될까?

우리 몸을 이루고 있는 모든 장치와 마찬가지로, 호르몬 기계는 우리가 건강하고 평온하게 살아갈 수 있도록 조화롭게 돌아가야만 한다. 하지만 때론 내분비선에 이런저런 문제가 생기기도 한다. 그럴 때마다 내분비선은 문제를 치료하라는 신호를 몸의 주인에게 보낸다. 다소 위협적이고 심각한 증상들이 나타나는 것도 이 때문이다.

갑상선은 기능이 저하되면 우리 몸에 꼭 필요한 호르몬을 충분히 만들어 내지 못하게 된다. 그 때문에 필수품을 제대로 공급받지 못한 인체는 모든 기능이 전체적으로 느려지는 증상을 보인다. 예컨대, 심장 박동이 느려지고 변비가 생기며 피로가 쌓여 쉽게 피곤해진다. 그런데 이때 호르몬을 보충해 주면 금세 다시 정상적인 상태로 돌아갈 수 있다. 이자 내분비 조직에 이상이 생겨 인슐린을 제대로 공급하지 못하는 제1형 당뇨병('인슐린 의존형 당뇨병'이라고 부르기도 한다.)의 경우에도 역시 부족한 호르몬을 보충해 줘야 한다.

이는 우리 몸이 호르몬에 의존하고 있다는 것을 분명히 보여 주고 있는 예이다. 그렇지만 이 두 경우에서 호르몬에 대한 의존성, 다시 말해 호르몬 결핍이 우리 몸에 미치는 영향력이

똑같지는 않다. 갑상선 호르몬이 부족했을 때는 생명의 위험까지는 없지만, 인슐린이 부족했을 때 따로 보충해 주지 않으면 사망할 수도 있기 때문이다.

한편, 호르몬이 지나치게 많이 만들어져도 문제가 될 수 있다. 젖의 생성을 촉진하는 뇌하수체 호르몬인 프로락틴이 과다하게 만들어졌을 경우가 바로 그렇다. 원인이 무엇이든 간에, 프로락틴의 과다 생산은 우선 배란을 방해함으로써 불임을 초래하고, 나아가 월경을 중단하게까지 만든다. 호르몬의 비정상적인 과잉 분비의 또 다른 예는, 부신 수질에 생긴 종양 때문에 아드레날린이 너무 많이 만들어지는 경우이다. 이때 과다한 아드레날린은 매우 심각한 고혈압의 원인이 된다.

이처럼 호르몬은 부족해질 수도 있고, 지나치게 넘칠 수도 있다. 이런 일들은 모든 내분비 영역에서 흔히 일어난다. 그러나 다행스러운 사실은 그러한 기능 장애에 대해 우리가 속수무책은 아니라는 것이다.

호르몬 기계는 어떻게 고칠 수 있을까?

호르몬 대체 요법˚은 호르몬 결핍을 가능한 한 완벽하게 보

호르몬은 피드백 작용에 의해 자율적으로 그 양을 조절한다.
하지만 호르몬 기계가 고장이 나면 인위적으로 호르몬을 보충해 줘야 건강을 유지할 수 있다.

완하는 것을 그 목적으로 한다. 호르몬 요법을 적용할 때 기본 원칙은 부족한 호르몬을 인위적으로 보충해서 관리할 필요성이 반드시 있을 경우에만 시행한다는 것이다.

앞에서 살펴본 대로 갑상선 호르몬을 대체 관리해 줌으로써 갑상선의 저하된 기능을 보완해 주는 것이 그 예가 된다. 물론, 호르몬 대체 요법을 시행할 때는 처방에 대한 환자의 적응 정도와 대체 요법의 효과에 대해 꾸준한 관찰이 필요하다. 하지만 사람들이 종종 미심쩍어하듯 몸무게가 갑자기 불어난다거나 몸에 다른 이상이 생길 위험과 같은 부작용은 거의 없다.

우리 몸에 처방하는 호르몬은 오랫동안 동물의 조직에서 추출한 것을 사용해 왔다. 그런데 동물의 호르몬은 우리 몸에서 나오는 호르몬과는 그 구조가 달라 우리 몸은 그것을 적으로 오인해 항체*를 만들어 버리는 것이 문제가 되었다. 특히 성장 호르몬을 얻기 위해 인간의 뇌하수체를 이용하기도 했다. 하지

● ● ●

호르몬 대체 요법 1949년 임신한 말의 오줌에서 추출한 에스트로겐으로 만든 프레마린을 이용해 갱년기 여성에게 부족해지는 여성 호르몬을 보충하여 폐경기증후군을 예방하고 치료한 것이 그 시초이다. 오늘날은 폐경기 증상을 완화하는 데 뿐만 아니라 골다공증을 방지하고 심혈관계 질환을 예방하는 데도 널리 활용되고 있다.

만 그 결과는 치명적인 것으로 드러났다. 인간 광우병이라고 불리는 크로이츠펠트야콥병°이라는 해면상 뇌질환이 부작용으로 나타났기 때문이다.

현재는 호르몬의 합성이 가능해졌다. 이 합성 호르몬 분자들은 무엇보다도 인체가 자연스럽게 만들어 내는 호르몬의 특징을 매우 정확하게 재현한다는 장점이 있다. 또한 이것들은 우리 몸속의 호르몬과 거의 같은 기능을 하는 화학 반응에 따른 산물이다. 그렇기 때문에 투약에 의한 조절이 거의 정확하게 이루어질 수 있다.

하지만 호르몬 요법이 정상적이고 자발적인 호르몬 분비만큼 아주 세밀하게 꼭 들어맞을 수는 없는 일이다. 그러한 이유로 이의를 제기한다면 할 말이 없다. 우리 몸의 호르몬 기계가

● ● ●

항체 우리 몸의 면역 체계를 구성하는 가장 핵심적인 요소로 병균과 같은 항원이 몸에 침입하면 항원을 퇴치하는 데 첨병 역할을 수행한다. B형 간염 예방 주사처럼 예방 주사약으로 면역 기관을 자극하여 항체를 생겨나게 할 수도 있다.
크로이츠펠트야콥병(CJD, Creutzfeldt-Jakob disease) 일종의 신경 퇴행성 질환으로, 두뇌 조직에 해면처럼 구멍이 숭숭 뚫리면서 신경이 파괴되어 가는 병이며, 언어 및 행동 장애, 기억 상실 등을 유발한다. 이 병은 1920년대에 독일의 두 의사 한스 크로이츠펠트(Hans G. Creutzfeldt)와 알폰스 야콥(Alfons M. Jakob)에 의해 처음으로 발견되었다.

외부의 도움을 전혀 받지 않은 채 혼자서도 잘 돌아가는 편이 실제로 더 낫지만, 그렇게만 된다면 왜 굳이 호르몬 요법을 사용하겠는가? 합성 호르몬이 지닌 또 하나의 장점은 다량으로 만들 수 있어서 많은 사람들의 요구를 충족시킬 수 있다는 점이다. 제대로만 사용한다면 합성 호르몬은 예전처럼 근거 없이 겁을 낼 대상은 아니다.

그렇다면 유전 공학을 통해 만들고 있는 호르몬은 어떨까? 가령, 대장균 세포에 유전자를 주입해서 필요한 호르몬을 만들어 내는 것 말이다. 20년 전부터 인슐린은 그런 방법으로 만들고 있으며, 최근에는 성장 호르몬과 같은 다른 단백질계 호르몬도 만들고 있다. 유전자 재조합 인슐린 주사 요법을 받은 당뇨병 환자 중에 유전자 재조합 인슐린이 부작용을 야기하는 인슐린 분자로 변형되거나, 그와 관련해서 어떤 병적 이상으로 발전되는 증세를 보인 경우는 지금까지는 한 번도 없었다.

그런데 보통 '대체 요법'이라고 불리는 치료법이 원래의 작용(치료를 통해 얻고자 하는 이점) 외에 부작용(있을 수 있는 장애)을 포함할 때가 있다. 그 치료법이 어떤 병적인 결함을 치료하기 위한 것이 아닐 경우가 바로 그러하다.

따라서 대체 호르몬을 통한 관리는 의학적으로 통제되어야 하며, 그 치료법의 사용에 관련된 금기 사항이 완벽하게 목록

화되어야 한다. 그러한 조건이 갖추어져야만 위험을 최소한으로 줄일 수 있기 때문이다.

이와 같은 호르몬 요법의 전형적인 예로 에스트로겐과 프로게스테론 합성 호르몬에 기초한 피임약을 들 수 있다. 이 약을 날마다 복용하는 여성들에게서 문제가 생긴 적은 신기하게도 한 번도 없었다. 그러나 폐경기 여성들에 대한 치료법의 경우는 상황이 다르다. 그 부작용이 항상 논란이 되고 있기 때문이다. 십여 년 전 여성들은 호르몬 요법을 받지 않으면 골다공증으로 뼈에 구멍이 숭숭 뚫린 채 인생을 끝내게 될까봐 걱정을 했다. 그런데 오늘날의 여성들은 오히려 호르몬 요법을 받으면 심근경색이나 유방암에 걸리게 되는 건 아닌가 하고 겁을 내고 있다.

🍎 물론, **폐경기**˚에는 여러 가지 장애가 야기될 수도 있다. 급작스러운 발열, 우울증과 같은 심리적인 동요, 성욕 감퇴, 뼈의 칼슘 소실 위험 등이 생길 수도 있다. 하지만 이것은 질병이 아니라, 여성이라면 누구나 겪게 되는 정상적인 생리 현상의 한

● ● ●

폐경기 난소의 기능으로 보아 여성이 성숙기에서 노년기로 이행하는 시기를 말한다. 난소의 기능이 전체적으로 상실되어 에스트로겐의 양이 급격하게 줄어듦으로써 마침내 월경이 사라진다.

부분일 뿐이다.

따라서 폐경에 대한 호르몬 치료를 할 때는 그 치료법의 이점과 더불어, 극단적인 경우이긴 하지만 통계적으로 입증된 만큼 무시할 수 없는 위험을 함께 숙고하는 것이 필요하다.

마찬가지로, 나이가 들어감에 따라 우리 몸에서 디하이드로에피안드로스테론(DHEA)*의 양은 줄어든다. DHEA의 정상적인 감소는 이상 증상이 아니라 자연스러운 노화 신호 중 하나이며, 인간으로서는 피해 갈 수 없다. 그런데도 사람들은 DHEA를 관리함으로써 노화를 막을 수 있으리라 꿈꾸고 있다.

이것은 더 이상 이성의 영역이 아닌 감정의 영역이라 할 수 있다. 그러한 맥락에서 볼 때 DHEA 업계의 성공은 어느 정도 납득이 된다. 하지만 충분한 연구 결과를 가지고 증명할 수는 없다 하더라도, 이점에 따른 부작용이 없지는 않으리라는 게 십중팔구 예상되고 있다. 남성에게서는 활성도가 강한 남성 호르몬으로, 그리고 여성에게서는 에스트로겐으로 바뀌는

• • •

디하이드로에피안드로스테론(DHEA, dehydroepiandrosterone) 이 호르몬은 몸에서 생산되는 성 호르몬의 전구 물질로, 부신에서 분비되어 성 호르몬인 에스트로겐과 테스토스테론으로 전환된다. 나이가 들어감에 따라 혈중 농도가 감소하게 된다.

DHEA는 남성의 경우 전립선암을, 여성의 경우 유방암을 일으킬 위험이 있기 때문이다.

어떻게 보면 당연하고 단순한 진리인지도 모르지만, 병적인 결함을 치료하기 위한 것이 아닌 호르몬 요법은 그것이 무엇이든 간에 반드시 위험 요소를 지니고 있다. 고집스럽게 보일 수도 있겠으나, 경고의 의미에서 마지막으로 한 가지 예를 더 들어 보겠다.

바이오 신약으로 각광을 받고 있는 것 중의 하나인 조혈 호르몬, 에리스로포이에틴의 사용에 대한 것이다. 이 호르몬을 사용하는 사람은 혈액 중의 적혈구 양이 비정상적으로 늘어나기 때문에 심근경색으로 쓰러질 위험이 있다. 극단적인 경우이긴 하지만, 과장된 것으로만 보기에는 그런 일이 안타깝게도 너무 자주 일어나고 있다.

3

남성과 여성의 **차이는**
왜 나타나는 것일까?

성적인 차이는 호르몬 때문일까?

여성이 자신의 단짝인 남성과 다르다는 사실은 이론의 여지가 없다. 성적인 차이는 생물학적인 기관의 차이라는 뚜렷한 근거를 가지고 있기 때문이다. 그러한 차이는 한편으로는 염색체에 따른 성과 관계된다. 즉, 여성의 성 염색체는 보통 XX이고, 남성은 XY라는 사실에 근거한다.

또 남성과 여성의 차이는 남성 혹은 여성 호르몬의 분비 작용을 통해 사춘기에 나타나는 2차 성징과 관계가 있다. 이 시기에는 수염, 유방, 피부 상태, 음색, 모발의 특징 등과 같은 명백한 차이 외에도, 주요 2차 성징들이 생리학적인 면과 심리학적인 면에서 동시에 나타난다.

생리학적인 면에서 보자면, 근육 조직의 상태, 지방질의 저장, 성 호르몬의 작용에서 크게 차이가 난다. 특히 성 호르몬의 활동에서 여성의 성 호르몬은 남성의 경우와 근본적으로 다르게 기능한다.

여성의 성 호르몬은 생식 활동과 주로 연관되어 있다. 이는 앞에서 보았던 대로 시상하부와 뇌하수체, 난소를 주축으로 나타나며, 월경 주기에서 알 수 있듯이 주기에 따라 이루어진다. 반면에 남성 호르몬은 일정하게 지속적으로 작용한다는 특징을 가지고 있다. 남성 호르몬은 점차적으로 감퇴되는 효율성을 지니고 있어 오래 지속될 수 있는 데 반해, 여성의 생식계는 사춘기에서 폐경기까지만 기능을 한다.

그러한 신체적인 차이는 정신적인 면에도 영향을 미친다. 어떤 행동들을 두고 남성적이라거나 여성적이라고 말할 수 있는 것도 그 때문이다. 예를 들면, 남성이 여성보다 더 공격적이라는 사실이 통계적으로도 증명되었는데, 그와 같은 공격성은 적어도 부분적으로는 테스토스테론*의 생산과 관계가 있는 것

● ● ●

테스토스테론 에스트로젠이 여성 호르몬이라면 테스토스테론은 정소(고환)에서 생성되는 남성 호르몬이다. 테스토스테론은 사춘기 남성에게서 가장 왕성하게 분비되어 후두를 크게 하고 성대를 두껍게 하며 체모와 근육을 성장시키고 피지선의 분비를 증가시킨다.

남성과 여성의 성적인 차이는 문화적인 요인을 빼놓고
염색체나 호르몬과 같은 생물학적 근거로만 완벽하게 해명할 수는 없다.

으로 알려졌다.

따라서 호르몬은 성적인 차이가 나타나는 몇 가지 단계에서, 그리고 몇 가지 측면에서 일정 정도 역할을 맡고 있다고 볼 수 있다. 하지만 그렇다고 해서 남성과 여성의 차이가 전적으로 호르몬 분비의 결과라고 주장하는 것은 지나친 생물학적 단순화로서 잘못된 생각이다.

성적인 차이가 생물학적인 기관의 차이라는 뚜렷한 근거를 가지고 있다 하더라도, 생물학적인 차이가 성적인 차이를 완벽하게 설명해 주지는 못하기 때문이다. 가족, 교육, 사회와 같은 넓은 의미의 문화적 환경 역시 성적인 차이를 만들어 내는 데 영향을 미치고 있음을 잊지 말아야 한다.

과학적으로 명확하게 입증된 것은 아니더라도, 인간에게서 성적인 선택과 성 정체성이 본래 문화적인 것이라고 보는 의견은 전적으로 타당하다. 호르몬에 따른 특징이 우세한 요인이라는 사실을 완전히 배제할 수는 없지만, 동물의 행동을 과학적으로 연구했다고 해서 그 결과를 우리 인간의 행동에 일반적으로 확대 적용하는 것은 더할 나위 없이 위험하고 이상주의적인 일임을 잊어서는 안 될 것이다.

4

우리 인간은 호르몬과
어떤 관계에 있는가?

정신이 신체의 지배를 받는가, 신체가 정신의 지배를 받는가?

우리의 정신 상태와 호르몬의 관계에 대한 미묘한 문제를 제대로 평가하려면, 우선 신체와 정신의 이원론적 교리의 절대성을 부인해야 한다. 다시 말해 신체와 정신이 따로 분리되어 있다는 생각부터 버려야 한다.

인간은 인형 속에서 작은 인형이 한없이 나오는 러시아 인형 마트료시카처럼 만들어져 있는 것이 아니다. 우리가 소화계, 신경계, 면역계, 내분비계 같은 인체의 여러 시스템을 하나씩 분리했다가 포갰다가 할 수 있는 것은 어디까지나 편의상 가능한 일일 뿐이다. 시스템과 시스템은 서로 침투해 있어서 그 시스템들 사이의 경계는 사실 분명치 않다.

이러한 사실은 내분비계와 신경계의 상호 관계를 보면 확실하게 드러난다. 각각의 시스템은 따로 분리되어 있지 않을 뿐만 아니라, 한 시스템이 한 가지 기능만을 하는 것도 아니다. 다음 두 가지 예만 봐도 알 수 있다.

첫 번째는 피부를 들 수 있다. 피부는 신경계와 발생학적인 기원이 동일해 친척 관계라 할 수 있다. 신경계와 마찬가지로 피부는 발생 초기 배아를 이루는 세 가지 세포층인 내배엽, 중배엽, 외배엽 중에서 외배엽으로부터 만들어진다.

두 번째는 소화관의 역할을 들 수 있다. 소화관은 양분을 포착해서 소화·흡수하는 것이 가장 주된 기능이다. 아울러 양적인 면에서 인체에서 가장 중요한 내분비 기관이기도 하다.

또한 정신 신체 질환*이라고 불리는 질환은 정신과 신체가 어떤 관계에 있는지를 아주 잘 보여 준다. 정신과 호르몬 사이의 관계를 이해하기 위해 우리가 두 번째로 해야 할 일은, 과학적인 방법을 통해 얻을 수 있는 사실이 아무리 많다 하더라도

●●●●

정신 신체 질환(psychosomatic disorder) 정신적인 스트레스에 의해 증상이 발생하거나 악화되고 스트레스가 줄어들면 증상이 완화되는 특징을 가진 병이다. 심신증이라고도 한다.

인간의 체험으로 얻을 수 있는 사실을 따라잡지는 못한다는 사실이다.

보통의 과학적인 방법으로는 정신적으로 충격을 준 사건이 신체에 어떻게 영향을 미치는지를 명확하게 답할 수 없다. 어떤 명제가 과학적인 사실이 되려면, 경험에 앞서 정확하게 정의된 실험적인 조건 하에서 그 명제의 내용이 재생될 수 있어야 하기 때문이다.

만일 내가 내분비 질환의 원인이 정신적인 충격을 준 사건(예컨대, 사랑하는 사람의 죽음이나, 강간, 해고)일 수도 있다고 주장했을 경우, 거기에 대해 과학적이라고 말할 수 있는 증거를 내기란 불가능하다. 하지만 이것은 내 주장이 틀렸다는 뜻이 아니라, 내가 말한 사실이 객관적이지도 않고 보편화할 수도 없는, 환자에 대한 주관적인 진술에 속한다는 것이다.

이러한 내용을 염두에 두고, 다시 우리 주제로 돌아가 보자.

호르몬은 정신에 어떤 영향을 끼칠까?

내분비계에 병적인 이상이 생겼을 경우 정신 상태에 영향을 미칠 수가 있는데, 이러한 사실은 적어도 부분적이지만 재생해

볼 수 있기 때문에 과학적으로 인정받고 있다.

그 메커니즘에 대해 이미 보았던 갑상선 기능 저하를 예로 들어 보자.

갑상선 기능 저하는 앞에서 말한 신체적인 증상 외에도 사고력 부진, 기억력 감퇴를 가져오며, 때로는 우울증을 동반하기도 한다. 반대로, 갑상선 호르몬이 과다하게 나올 경우 갑상선 기능 항진증이 생길 수 있다. 이는 병적인 공격성과 광적으로 보일 정도의 감정 폭발을 야기한다. 이러한 증상들은 코르티솔 유도체와 같이 병을 치료하기 위한 호르몬 사용에 의해서도 생겨날 수 있다.

한편, 테스토스테론의 작용을 방해하는 **항 남성 호르몬**˚의 사용은 남성의 성욕 항진증˚에 대한 치료를 도와준다.

그런데 호르몬 변화가 병적 이상은 전혀 나타내지 않으면서도 정신적으로만 영향을 미치는 경우도 있다. 사춘기, 임신, 폐경은 호르몬이 큰 혼란을 겪는 시기인 동시에 정신적인 변화도

* * * *

항 호르몬 호르몬인 척 호르몬 수용체에 결합해서 진짜 호르몬과의 결합을 방해하는 합성 분자를 말한다.
성욕 항진증 보통 사람에 비해 성욕이 지나치게 강하게 나타나는 증세.

극명하게 나타나는 시기이기도 하다.

그런 정신적인 변화에서 호르몬이 유일한 원인은 아니라 하더라도 분명히 일정한 역할은 하고 있다. 폐경기 즈음에 우울증이 생기는 것이 대표적인 경우인데, 이는 에스트로겐을 이용한 호르몬 대체 요법을 통해 고칠 수 있다. 또 월경 주기 후반부에 많은 여성들이 느끼게 되는 기분의 변화도 여성들로 하여금 월경이 가까워졌음을 자연스럽게 짐작하도록 한다. 프로게스테론의 분비가 증가하기 때문에 나타나는 일반적인 현상이다.

정신이 호르몬에 영향을 미치면 어떻게 될까?

이제 반대의 경우를 살펴보자. 정신적인 변화 때문에 내분비계에 병적인 이상이 생길 수도 있냐는 것이다. 여기에 관해서는 과학적으로 그 원인이 확실히 밝혀지지 않은 몇몇 질환에서 정신적으로 충격을 준 사건이 어떤 역할을 했으리라는 짐작만 할 수 있다.

●바제도 병
안구 돌출을 수반하는 갑상선 기능 항진증이다. 과학적으로는 면역학적인 원인만을 인정하고 있다. 갑상선의 기능을 자극하는 항체가 생성되기 때문이라고 본다.

- ●쿠싱 증후군

부신에서 코르티솔이 과다하게 분비되는 병으로, 뇌하수체에서 부신 피질 자극 호르몬을 과다하게 분비함으로써 나타나는 증상이다. 이 질환은 특히 고혈압과 몹시 특별한 형태의 체중 증가(일반적인 비만과는 달리, 얼굴과 몸통에는 살이 찌는 반면 팔다리는 오히려 가늘어지는 중심성 비만이 나타난다.)를 야기한다. 의학적으로는 부신 피질 자극 호르몬을 분비하는 뇌하수체 세포의 기능적 결함의 탓으로 그 원인을 돌리고 있다.

- ●갑작스러운 무월경

월경이 갑자기 끊어지는 것으로, 과학적으로는 시상하부의 중계 기능 장애로 인해 생기는 증상이라고 본다.

이 외에도 들 수 있는 예가 얼마든지 있다.

어쨌든 위의 예들은 정신적인 사건이 직접적인 원인이 되어 어떤 병을 일으킬 수 있다는 것을 보여 준다. 이러한 사실은 환자를 치료하는 의사의 일상적인 경험에 비추어 보면 쉽게 인정할 수 있다. 그러나 '과학적'인 측면에서 접근하는 사람들은 이를 강하게 부인한다. 이들의 주장은 면역적이거나 유전적인 이유가 결정적이며, 정신적인 사건이란 확실성이 없기 때문에 원인으로 볼 수 없다는 것이다.

그러나 위의 세 가지 예가 증상에서는 비록 서로 큰 차이를 보이지만, 모두 정신적인 사건이 병을 생기게 하는 데 최소한 의 원인이 된다는 사실은 체험적으로 명백히 확인되고 있다. 물론 똑같은 정신적인 충격을 받았다고 해서 모두 똑같은 병을 앓게 되지 않는다는 것도 맞긴 하지만 말이다.

끝이 날 기미가 보이지 않는 이러한 논쟁에서 우리가 알 수 있는 것은 다음과 같은 사실이다.

전통적인 과학에서 주로 사용하는 교환 가능한 '개체' 라는 개념과, 한 개체가 지니는 주관성에 의해 유일한 존재로 받아 들여지는 '개인' 이라는 개념이 안타깝게도 너무 자주 혼동되 고 있다는 사실이다. 의사의 치료는 본질적으로 개인을 상대로 하는 것이다. 병이 정신 상태에 영향을 받는다는 가설에 대해 의사들이 아무런 반발을 보이지 않는 것도 바로 그런 이유 때 문일 것이다.

'우리 인간은 호르몬의 노예인가?' 라는 질문에 대해서는 또 다른 질문으로 답을 할 수 있다. '우리는 신체 기관 전체의 조 화로운 상호 작용에 지나지 않을까?' 라는 질문이 그것이다. 의 학적인 지식으로는 이 질문에 답할 수 없더라도, 적어도 우리의 사고를 뇌의 분비물의 결과로만 국한시키기는 어렵다는 것만큼은 확실하다. 어떻게 우리 뇌를 두고 외분비선과 내분비선이 섞인 일종의 분비 기관에 불과하다고 볼 수 있겠는가?

철학자 예샤야후 라이보비츠의 말을 응용해서 이렇게 말하고 싶다.

"생각을 하는 것은 뇌를 포함해서 전체적으로 상호 작용을 하고 있는 우리 신체 기관이 아니라, 그 모든 것의 주인인 우리 인간이다."

더 읽어 볼 책들

- 김하자, 『**쾌락의 호르몬 고통의 호르몬**』(학민사, 2003).

- 이흥우, 『**스탈링이 들려주는 호르몬 이야기**』(자음과모음, 2005).

- 데무라 히로시, 송진섭 옮김, 『**생명의 신비 호르몬**』(종문화사, 2004).

논술 · 구술 시험은 논리적이고 종합적인 사고를 요구한다. 다음에 제시된 문제는 이 책의 주제와 연관이 있는 논술 · 구술 기출 문제이다. 이 책을 통하여 습득한 과학적 지식과 원리, 입체적이고 논리적인 접근 방식을 활용하여 스스로 문제에 답해 보자.

▶ 당뇨병이 무엇이며, 필요한 호르몬의 이름과 그 작용에 대해 말하시오.

▶ 단백질계 호르몬과 스테로이드계 호르몬의 작용 기작을 비교 설명하시오.

▶ 인슐린이 부족해서 생기는 당뇨병 환자에게는 인슐린을 보충해 주어야 한다. 그러나 정상인에서조차 인슐린의 절대량은 매우 적어서 지금까지는 소나 돼지 같은 가축에서 인슐린을 추출하여 사용하여 왔다. 만약 사람 인슐린 유전자를 대장균에 넣어 대장균으로 하여금 사람 인슐린을 만들게 한다면 어떤 좋은 점이 있을지 말해 보시오.

옮긴이 | 김성희

부산대 불어교육과 및 동대학원을 졸업했으며 현재 전문 번역가로 활동 중이다.

민음 바칼로레아 17

인간은 호르몬의 노예인가?

2판 1쇄 펴냄 2021년 3월 30일
2판 5쇄 펴냄 2024년 8월 8일

1판 1쇄 펴냄 2006년 2월 8일
1판 4쇄 펴냄 2013년 4월 24일

지은이 | 미셸 오트쿠베르튀르
감수자 | 박경한
옮긴이 | 김성희
발행인 | 박근섭
펴낸곳 | ㈜민음인

출판등록 | 2009. 10. 8 (제2009-000273호)
주소 | 06027 서울 강남구 도산대로 1길 62 강남출판문화센터 5층
전화 | 영업부 515-2000 **편집부** 3446-8774 **팩시밀리** 515-2007
홈페이지 | minumin.minumsa.com

도서 파본 등의 이유로 반송이 필요할 경우에는 구매처에서 교환하시고
출판사 교환이 필요할 경우에는 아래 주소로 반송 사유를 적어 도서와 함께 보내주세요.
06027 서울 강남구 도산대로 1길 62 강남출판문화센터 6층 민음인 마케팅부

㈜민음인은 민음사 출판 그룹의 자회사입니다.